AF321065

BIBLIOTHÈQUE NATIONALE ILLUSTRÉE,

POLITIQUE, LITTÉRAIRE ET RELIGIEUSE,

PUBLIÉE PAR SOUSCRIPTION,

Et rédigée par une Société de GENS DE LETTRES.

Dimanche, 1er Juillet 1849.

BUT QUE SE PROPOSENT LES FONDATEURS DE LA BIBLIOTHÈQUE NATIONALE :

Qui peut assigner les limites de la licence et prévenir ses débordements et ses dangers? La Justice!

Les hommes du gouvernement actuel ont donc bien fait d'arrêter brusquement dans leur voie ces journaux dits du progrès, dont les déclamations furibondes depuis dix mois, inquiétaient le salut public et sapaient jusques dans ses fondements l'ordre social, qui, de tout temps, ne peut conquérir aucuns droits civils et politiques que par le progrès pacifique! Oui, du pain au peuple et toujours, mais pas à coups de fusil!... Oui, pas de misère... mais pas de sang!... De la liberté, mais pas de licence!... Du progrès, mais du progrès par la lutte de l'intelligence et du cœur!

C'est pourquoi, rien de plus national que le monument que nous élevons ici à la gloire de la philanthropie française; car le but de notre œuvre est la moralisation et l'instruction du peuple, du peuple auquel on doit prouver qu'on l'aime tendrement, en ne l'entraînant pas à la mort par l'exagération de doctrines coupables; mais en développant son intelligence et son cœur... C'est pourquoi nous lui consacrons cette bibliothèque nationale *Politique*, parce qu'il faut que le peuple qui veut gouverner, apprenne à gouverner d'abord..... *Littéraire*, parce qu'à côté des intérêts vitaux de la société, il y a des besoins intellectuels dont l'ample satisfaction concourt au développement de la civilisation, et que la bonne littérature est toujours féconde en heureux enseignements. *Religieuse*, enfin, parce que la religion c'est le phare lumineux qui rassure dans les tempêtes... et que la religion, c'est la propriété, la famille, la loi!

Ces principes ont engagé une Société de gens de lettres à faire un appel à tous, afin de fonder cette œuvre, d'où s'échappera à l'infini toutes les ramifications de la pensée : art, philosophie, science, politique, religion, morale, industrie.

Trouver et produire cette théorie, c'est bien là, sans doute, le fond de la crise dont notre siècle est travaillé, l'arrière-pensée de tous les grands hommes qui finissent, et la première espérance de la génération nouvelle qui s'élève autour de nous. Partout en Europe, et même en Amérique (ce sera un devoir pour nous de le démontrer), partout où l'intelligence a mûri, soit par la longue expérience d'un labeur millénaire, soit par l'éducation précoce et la greffe féconde des traditions, partout où un homme a remué dans toutes les profondeurs de son âme la question des destinées du genre humain, les désirs, les recherches, les méditations, semblent toucher à ce terme, qui est le moment décisif de l'histoire.

Pour tout ce qui est *théorie* ou *doctrine*, qu'il s'agisse d'art, de philosophie ou de science générale, nous considérons la société européenne, et particulièrement la société française, comme si elle était en travail de recherche; nous nous contenterons d'être les médiateurs entre ceux qui élaborent les idées et le public qui en est le juge naturel. Notre puissance d'unité consistera à tracer le cercle le plus compréhensible, et pour les idées anciennes et pour les idées nou-

1849

velles, mais à ne donner place dans ce cercle qu'à tout ce qui sera conçu et
exécuté dans le but que nous nous proposons. On doit savoir maintenant que
ce but est le développement intellectuel et moral de la société et la constitution
de la vie littéraire comme élément de prédilection dans le mouvement social;
et, selon nous, ce mouvement lui-même a pour loi d'admettre, comme autant
d'exigences à satisfaire, toutes les croyances et tous les intérêts du passé, toutes
les croyances et tous les intérêts du temps actuel, et aussi et même toutes les
croyances, tous les intérêts qui se disputent l'avenir ou semblent se l'arroger
exclusivement.

Nous poserons toujours les questions en vue d'une société nouvelle qui se
forme et s'organise chaque jour de son propre mouvement, et, pour ainsi dire,
à notre insu, société qui se constituera nécessairement et inévitablement par
l'accord de tous les éléments de la vie sociale contemporaine, par la consécration
et la satisfaction des besoins nouveaux, par la réintégration des droits anciens et
des traditions historiques. C'est tout ce que nous pouvons dire aujourd'hui, car
il n'est pas possible de tout expliquer à la fois; et, avant de nous demander des
détails et des applications, il faut bien qu'on nous laisse le temps d'exposer
nos principes généraux.

Bref, nous voulons créer un centre d'inspiration, sanctuaire des nobles désirs et des vastes pensées, où toutes les grandes vocations contemporaines
viendront s'associer et s'entendre.

En jetant un premier coup d'œil sur la situation actuelle, nous avons dit que
son vrai caractère était le développement des éléments de la vie sociale : forces
productives, éducation, propriété. ... Dans le travail commun de ce développement national, nous nous donnerons pour tâche spéciale le développement de
la vie littéraire que nous regardons comme élément de prédilection dans la des-
tinée de tous et de chacun. Nous avons maintenant à justifier cette prétention
et à démontrer ce que nous nous sommes contentés d'affirmer. Mais nous de-
vions commencer par préparer les esprits, indiquer notre but général, et mar-
quer notre place, par l'intention du moins, au-dessus et en avant de tous les
partis, de toutes les opinions littéraires ou philosophiques.

Le Rédacteur en chef : Rafaël PELEZ.

La Bibliothèque nationale paraîtra tous les dimanches, par livraison
illustrée, vélin satiné, et publiera, chaque fois, une œuvre complète à
la portée de l'esprit et de la bourse de toutes les classes de la société.

Chaque livraison indépendante de celle qui l'aura précédée ou sui-
vie, formera un tout complet; de sorte que le lecteur choisira parmi les
ouvrages publiés ceux qui lui conviendront et en formera une collec-
tion selon ses goûts. — Des couvertures imprimées seront adressées, à
cet effet, à tout souscripteur de **20** livraisons qui formeront un beau
volume.

Les Illustrations dessinées et gravées sur bois par les artistes du plus
grand mérite, seront imprimées dans le texte.

Le but de notre Souscription n'est pas de chercher des actionnaires;
mais seulement des lecteurs. Toute personne qui s'inscrira pour
20 livraisons, recevra en prime, outre une magnifique couverture im-
primée, deux ouvrages supplémentaires à son choix.

Les noms des **1,200** premiers Souscripteurs qui auront encouragé
l'œuvre, seront imprimés sur la dernière feuille de chaque livraison et
publiés par les journaux.

Prix de chaque livraison : 25 centimes.

SOUS PRESSE, 2me LIVRAISON DE LA BIBLIOTHÈQUE NATIONALE :

QUELQUES MOTS AU PEUPLE, par M. A. de Lamartine.

S'adresser (*franco*) à M. **LE SECRÉTAIRE GÉNÉRAL DE LA BIBLIOTHÈQUE
NATIONALE, 54**, *rue de l'Échiquier*, a Paris.

PREMIÈRE LIVRAISON :

ODILON BARROT ET L'ÉTAT DE SIÉGE.

> L'utilité publique est la loi suprême
> de l'homme d'État.

I.

Ce qui va suivre m'a été inspiré le 13 juin dernier, sous les armes ; —

Alors que, dans les rangs de l'ordre, je méditais les actes du gouvernement, et que m'apparaissait sans cesse au sommet de toutes les crises Odilon Barrot, toujours Odilon Barrot, toujours cet homme !

Est-ce par dessein de la Providence ?...

J'ai voulu le révéler à moi-même ; j'ai pris la plume, et je me suis dit :

II.

Son père, vaillant homme aux jours de sang et de furie, citoyen d'autant plus vraiment libéral qu'il était saintement modéré, avait accueilli avec la joie sereine de l'homme juste la régénération de 1789.

Comme plus tard son fils, il était un type vivant de la vérité politique. Il combattait avec une égale ardeur le despotisme et l'anarchie. Il était JUSTE-MILIEU dans l'acception *sainte* du mot ; c'est-à-dire qu'il ne voulait d'excès ni à droite ni à gauche ; qu'il n'était *ultra* d'aucun parti. M. Barrot père était du grand parti national, du parti français par excellence, du parti de 1789.

Les plus généreux principes, en fermentant dans certains cerveaux, y laissent un levain impur. 93 succéda à 89, la Terreur à la Régénération, — l'ivraie au bon grain, — le crime au droit. —

L'histoire a dit de quel côté était la vérité et Dieu. Les excès de la licence ne sont pas moins exécrables que les excès du despotisme.

Membre de la Convention, avant de devenir membre du Conseil des Cinq-Cents et du Corps législatif, le père d'Odilon Barrot se montra constamment sublime de modération à cette époque de sang, de meurtres et de larmes, où la modération était un crime puni de l'échafaud. Il eut le courage de ne pas voter la mort de l'infortuné Louis XVI, courage civique que l'histoire honorera éternellement.

Odilon Barrot suivit noblement la route ouverte à ses pas par la sollicitude et la probité paternelles. Il vit la belle, la douce Liberté, il la vit et il l'aima. Il eut toujours autant de répugnance pour les orgies sanglantes de la Terreur, que de sympathies pour les sages libertés sagement conquises sous les premières années du règne du roi-martyr.

Ses études faites, il devint avocat, et ses débuts brillants promirent un orateur de plus à la patrie. Tout jeune, il se distingua par la gravité de sa vie, l'austérité de ses mœurs, le sérieux de ses aptitudes. Théoricien habile, il ne tarda pas à devenir savant légiste. Tout jeune, il eut le feu sacré de la parole uni à celui de la liberté. Il parlait aussi bien qu'il pensait juste. C'était une de ces droites et pures natures qu'on respecte autant qu'on les aime.

Tel était Odilon Barrot lorsque vint la Restauration. Le grand homme tombé laissait, en disparaissant, la tribune et la presse plus libres ; Odilon Barrot ne tarda pas à entrer plus résolument dans la lutte. Quoiqu'il n'eût pas fait partie du voyage de Gand, *comme on l'a faussement émis*, il avait plutôt de la répugnance que de la haine pour le nouveau régime ; mais il voulait garder toute son indépendance. Ses illusions ne l'aveuglèrent jamais au point de l'entraîner à aucune concession qu'on pût lui reprocher plus tard. Il fut toujours un amant fidèle de la Liberté, — un défenseur intrépide et vigoureux de la LOI, — cette plus sainte des choses, sans le respect de laquelle il n'y a pas de société possible.

C'est ainsi qu'il défendit courageusement la liberté des cultes à la Cour de cassation. Cela le fit remarquer, d'autant plus brillamment qu'il eût, à ce sujet, une violente lutte à soutenir contre M. de Lamennais, alors ultra-catholique, aussi débordé aujourd'hui qu'il était intolérant. Haute leçon ! Odilon Barrot, lui, n'a pas changé, — la suite l'a prouvé, il est resté dans le vrai, au milieu ; — et M. de

Lamennais l'a trouvé à son poste, toujours le même, et toujours son adversaire dans ses écarts à droite, comme dans ses écarts à gauche.

D'autres triomphes judiciaires le désignèrent bientôt au parti libéral, comme un de ses plus vaillants soldats, — en attendant qu'il devînt son chef.

Président de la société *Aide-toi, le Ciel t'aidera*, Odilon Barrot en fut un des membres les plus actifs et les plus intelligents, tant que l'association resta dans des limites de prudence, d'ordre, de calme et de constitutionnalité ; mais du jour où la société voulut sortir des formes légales, il se retira, non par crainte du péril, mais pour ne pas mentir à sa vie et à sa conscience.

Il ne prit pas une part matérielle à la Révolution de 1830. — Le désordre, fût-il pour ainsi parler, justifié par des mesures excessives de la part du pouvoir, répugnait à son caractère ; il n'aimait pas la violence, et d'ailleurs il avait l'honnête conviction que les lois légales suffisent au triomphe de la vérité. C'est précisément parce qu'il était libéral qu'il était conservateur ; aussi fût-ce la douleur d'une partie de sa vie d'être contraint de faire de l'opposition. Du moins est-il permis de le juger ainsi... Qui pourrait sonder cet abîme qu'on appelle le cœur de l'homme ?...

Le mouvement une fois éclaté, Odilon Barrot fut de ceux qui s'y mêlèrent pour le diriger. Il eut l'étrange fortune de ne pas perdre la pureté de son caractère dans cette crise. Il s'y montra encore plus honnête qu'habile, et il réussit, tant il est vrai que la probité est de l'adresse. — Sa popularité, déjà immense, s'en accrut ; aussi bien représentait-il dans la sincérité l'opinion de la majorité en France.

Il était monarchique par crainte des excès de la démagogie ; il était républicain par crainte des excès du despotisme ; — toujours logique avec lui-même.

Il voulait, comme Laffitte et Lafayette, une monarchie entourée d'institutions républicaines ; — c'est-à-dire l'ordre avec le progrès, la paix avec la liberté ; toutes les réformes enfin que comporte la civilisation, mais rien que ces réformes justes, honnêtes et possibles.

Il faut le dire bien haut, Odilon Barrot seul resta fidèle jusqu'à la fin au *programme de l'Hôtel-de-Ville*, en lui faisant subir, bien entendu, les modifications rendues nécessaires par la force des choses et la terreur des événements.

Toujours fidèle à son système d'impartialité, Odilon Barrot d'un côté protesta contre la précipitation avec laquelle on donnait la couronne au duc d'Orléans, et, d'un autre côté, il nous préserva de la République ; il empêcha Lafayette de nous jeter dans cet abîme de honte, de pleurs, de misère et de sang, — ô mon Dieu !...

Cela parut inconséquence, c'était sagesse. — Ah ! qu'il en soit mille fois béni..... qui sait ce qu'il épargna de douleurs à la Patrie !... Ah ! c'est maintenant, c'est après les rudes épreuves par où nous sommes passés qu'on peut rendre la justice méritée à ces hommes qui aimant la liberté ont le courage de s'opposer à ses excès, et de faire entendre aux imprudents le sévère langage de la raison.

Ici nous trouvons le nom d'Odilon Barrot attaché à l'une des plus belles actions que notre histoire contemporaine ait à honorer, je veux parler de la retraite du roi Charles X. Odilon Barrot fut l'un des commissaires chargés d'accompagner le roi tombé. Il le fit avec les égards que commandait le malheur. Il honora cette infortune illustre supportée avec tant de dignité. Comme cela est noble et grand ! Et quel progrès dans les mœurs de la France ! — Le pauvre Louis XVI avait été obligé de fuir après avoir eu à essuyer les plus lâches outrages, les plus infâmes traitements. — Il était revenu prisonnier de force, couvert d'insultes et de boue, — l'honnête homme ! — au milieu d'une crapule en délire, buveuse de sang, lui présentant des têtes encore chaudes au bout de piques hideuses, proférant des cris de cruauté, d'obscénité et de mort, ne respectant ni sa défaite, ni la pudeur de la reine, ni la pureté de leurs pauvres enfants, — des hyènes, enfin !

Tel il était revenu, — et ils le tuèrent !

Charles X, lui, put se retirer dans sa paisible majesté. En quittant la patrie chérie pour l'exil amer, les derniers descendants de saint Louis ne furent pas insultés et ne subirent aucune violence ; protégés par la voix généreuse des commissaires, ils traversèrent plusieurs départements sans être poursuivis d'une parole de haine, et les nobles courtisans de leur malheur purent impunément s'approcher d'eux et leur témoigner encore tout le respect qu'inspire à de nobles cœurs une immense et royale infortune !

Le roi déchu rendit publiquement et par écrit hommage aux

attentions et aux respects dont il avait, ainsi que sa famille, été l'objet de la part des commissaires. — Comme la calomnie est une lèpre qui empoisonne tout ce qu'il y a de meilleur et de plus honnête, comme l'envie cherche à tout dénaturer, surtout le bien, on insinua perfidement que M. Odilon Barrot avait sollicité ces lignes de Charles X pour s'assurer une amnistie au cas où cette branche de Bourbons rentrerait et ferait poursuivre les complices et les hommes politiques de la Révolotion de Juillet. Mais la bassesse de cette insinuation, et surtout sa bêtise, la rendirent odieuse à tous les citoyens sincères, et, parmi les hommes de bonne foi, l'éloquent et brave commissaire n'eût pas besoin de relever cet outrage. De fait, il n'était pas au niveau de son mépris...

III.

Sur ces entrefaites, Odilon Barrot fut nommé préfet de la Seine et député à Strasbourg. Je passe rapidement sur les actes assez obscurs de son administration. Qu'il fût, dans ces temps difficiles, à la hauteur de la situation, et qu'il y eût encore de sa part dévouement à la chose publique d'accepter ce poste éminent, cela est bien certain ; mais on peut, selon moi, le blâmer d'avoir, jusqu'à un certain point, manqué de décision. Il est vrai que ce fut par amour pour la conciliation qu'il se montra faible. Et puis, peut-être eut-il le tort de rester aux affaires, du moment où il se fût aperçu qu'il n'existait aucune homogénéité entre les membres du cabinet. Si donc il manqua de vigueur, ce fut surtout parce qu'il n'avait pas toute l'autorité suffisante pour agir ; — il paraît tout autre et bien plus résolu, depuis quelques mois qu'il préside le conseil. — Au reste, au pouvoir comme dans l'opposition, Odilon Barrot continua de se distinguer par l'indépendance de son caractère et par les brillantes qualités de son talent. Ce n'est pas ici que nous entrerons dans les détails de ces luttes qui entourèrent les premiers mois du règne de Louis-Philippe. Il y avait antagonisme entre les ministres ; M. Odilon Barrot était du côté du progrès, M. Guizot et M. de Montalivet du côté de la résistance. Ces combats rendaient le pouvoir plus faible, sans fortifier le parti de M. Barrot, qui eut le tort de rester au pouvoir dans une position aussi délicate. Ce ne fut pas par ambition qu'il persista à conserver ce poste, ce fut par respect pour cet axiome de politique qu'il ne faut pas laisser le pouvoir en monopole à ses adversaires, — mauvaise doctrine quand on est en minorité, car un adversaire s'use plus vite par ses propres forces que par la petite guerre qu'on peut lui faire en partageant avec lui l'autorité. — Ecrire sur Odilon Barrot la vérité comme on la pense, est le plus bel hommage qu'on puisse rendre à la grandeur de son caractère.

Enfin, Odilon Barrot quitta un pouvoir où il n'avait pu faire de grandes choses, où il avait accompli tout le bien qu'il avait pu, mais qu'il n'aurait pas dû conserver aussi longtemps. Il le quitta honorablement, l'âme et les mains pures. — Combien n'en peuvent pas dire autant !..,

Il fut nommé conseiller d'État, place qu'il abandonna quand tomba le ministère Laffitte, — chûte grave qui jeta Odilon Barrot dans une opposition d'autant plus dangereuse qu'elle était constitutionnelle. Dans ces luttes loyales et parlementaires, il rendit les plus grands services à son pays par la sûreté de son jugement, la grandeur de ses vues, le courage de son éloquence. Le fanatisme qu'il avait pour le bon et le juste se trahit à chacun de ses discours et se confirme par tous ses votes.

Comme chef de l'opposition constitutionnelle, il signa, après l'avoir rédigé, le fameux *compte-rendu* qui suivit la mort de Casimir Périer. Cet acte, très légal et pourtant attaqué comme inconstitutionnel, était une grande faute ; Odilon Barrot le reconnut lui-même. Cela ne pouvait échapper à sa pénétration. En effet, de ce jour, le grand parti de l'opposition se divisa ; les uns firent un recul, les autres se jetèrent plus en avant ; seul, Odilon Barrot ne changea pas. Aussi resta-t-il seul immuable et grand, puissant et fort. — Il sut habilement profiter des fautes de ses adversaires ; il accepta les alliés nouveaux que l'égoïsme ou le respect de sa personne lui envoyèrent, si bien que les ministres durent compter avec lui et avec sa phalange intrépide.

Lorsqu'éclata la révolution de Février 1848, qu'il avait prévue et prédite, Odilon Barrot était l'homme d'Etat le plus vraiment populaire qu'il y eût en France. Mais son heure n'était pas encore venue ;

il nous fallait passer auparavant par les hontes, par la misère et par le sang que vous savez...

Pressé par les faits irrésistibles, Odilon Barrot, comme toujours, lutta contre les torrents divers. S'il ne put les dompter tout à coup, du moins il ne fut pas emporté par eux. Il resta convaincu dans sa foi, qu'en politique comme en tout, la loi éternelle est la loi de la vérité ! Il voulut concilier ces deux éléments qui divisent le monde, l'élément monarchique et l'élément républicain. Ce fut son œuvre et ce fut sa gloire. Ils ne sont pas hommes d'Etat ceux qui ont traité de rêveur cet honnête politique, et ils ont blasphémé, ceux qui ont dit que la réalisation de son idéal était impossible. Il n'y a de chimérique et de mauvais que l'entêtement des partis extrêmes ; — le fanatisme seul perd les causes.

Il l'a compris, — lui ! Il reste dans sa foi. Au-delà, c'est la folie ; en deçà, l'absurde. Il veut un gouvernement progressif, se mouvant dans le cercle légal des majorités. Il veut le développement pacifique et régulier du travail, du commerce, de l'éducation, des arts, l'amélioration du sort des travailleurs, les bienfaits de l'éducation accessible au pauvre ; — le triomphe des principes modérés ; — d'une politique à la hauteur des exigences de la civilisation. Il veut l'ordre et la légalité pour arriver au progrès, non pour résister à ses entraînements dans ce qu'ils ont de raisonnable. C'est pour arriver là qu'il combattra toujours ces réformateurs de contrebande qui ressemblent au berger menteur de la Fable ; — mauvaises gens qui n'ont pas de fraternité dans le cœur, mais de la haine, qui veulent accaparer nos libertés, notre honneur et nos biens. — Il combattra toujours ces doctrines funestes, ces extravagances, dont la majorité du pays a fait justice ; — ces charlatans qui mettent la main sur nos plaies pour les faire saigner, non pour les guérir ; qui sont toujours *révolutionnaires* quand il faut être *organisateurs.*

Il combattra toujours ceux qui « nous forcent à changer la France « en un camp, nos idées D'AMÉLIORATION et de PROGRÈS en prépa- « ratifs de lutte et de défense. »

IV.

Tout le monde connaît l'attitude de M. Odilon Barrot au mois de février 1848.

Ce ne fut pas la faute de son courage s'il n'arriva pas au pouvoir et s'il ne domina pas la situation. On sait l'obstination de Louis-Philippe à refuser le concours de M. Barrot. Il ne l'accepta qu'à son corps défendant.

Dans la matinée du 24 , M. Odilon Barrot et le respectable M. Abattucci père allèrent chez le roi. — Ils trouvèrent son attitude singulière. Au lieu de se confier à la probité, à l'honneur et au patriotisme de ces citoyens, il cherchait à les tromper.

Odilon Barrot fit preuve d'un courage vraiment civique en montant à la tribune pour repousser la demande d'un gouvernement provisoire; car il était bien plus facile, en ce moment, comme cela arriva à tant d'autres, de suivre le torrent. Il fit des efforts à jamais louables pour conjurer la guerre civile. Ce fut pour lui un grand honneur.

Il en avait été de même dans les banquets, où il était toujours demeuré dans les limites de la légalité; il avait été impossible d'y constater un seul désordre... tout s'était passé avec le calme de la dignité.

Le soixante-et-onzième banquet se fût passé de même, sans l'inconcevable obstination du pouvoir. Dans la crainte d'exciter des troubles matériels, M. Odilon Barrot et quelques-uns de ses amis renoncèrent à faire partie de la réunion, tout en protestant contre l'illégalité et le danger d'une politique à outrance.

Des esprits passionnés reprochèrent à Odilon Barrot cette abstention. Pour moi, il fit bien; ce fut un acte de courage, car il y a souvent plus d'intrépidité dans le calme que dans la violence. Je pose cette question devant la conscience publique : l'allocution suivante de M. Odilon Barrot, qui produisit dans la Chambre et le pays tant d'émotion, ne justifie-t-elle pas pleinement sa conduite :

« Si mes paroles pouvaient avoir quelque autorité sur le pays, je
« soutiendrais que le premier besoin, que le devoir de tous les

« hommes dévoués à ses intérêts est d'employer tout ce qu'ils peu-
« vent avoir d'influence et d'autorité pour prévenir les malheurs
« que je prévois. »

Puis, se tournant vers le banc des ministres :

« Messieurs, ajouta-t-il, il n'y a pas de ministère ni de système
« d'administration qui vaille une goutte de sang versé ! Vous n'avez
« pas voulu de l'ordre avec et par la liberté, subissez-en les consé-
« quences ! »

Odilon Barrot, porté plus tard en triomphe par le peuple, ne put
dompter son élan, et il lui fallut dire à Louis-Philippe, comme autrefois à Charles X :

« *Il est trop tard!* »

V.

Pendant tout le temps qu'a duré le gouvernement provisoire,
Odilon Barrot a tenu une conduite pleine d'honneur et de dignité.
On disait qu'il conspirait. Odilon Barrot n'est pas un homme qui
conspire ; c'est un homme qui lutte bravement, loyalement, au
grand jour, par les moyens légaux.

On l'accusait de rêver encore la régence. Erreur ou mensonge.
Odilon Barrot n'a jamais eu une haute estime pour Louis-Philippe,
et aujourd'hui même moins que jamais il songe à cette dynastie.

Quand il proposa la régence au mois de février 1848, ce fut bien
moins par attachement pour la famille royale que pour conjurer la
guerre civile. Il était surtout préoccupé de cette pensée de concilier
l'ordre avec la liberté, de sauvegarder les vrais intérêts du pays, de
sauver la France de l'anarchie, afin qu'elle ne perdît ni sa force ni sa
grandeur. Il se dévoua avec courage à une pensée politique qu'il
jugeait vraie, non à une dynastie à laquelle il ne tenait pas... car il est
un de ces cœurs élevés qui consacrent leur vie à des principes,
non à des hommes. Ils ne sont pas courtisans ceux qui aiment la liberté, mais aussi ceux qui aiment la liberté veulent l'ordre. Ordre et
liberté, c'est tout cet homme.

VI.

Lors de la discussion de la Constitution, Odilon Barrot se prononça courageusement pour deux Chambres. Les grandes situations élèvent les âmes fortes.

Jamais Odilon Barrot ne s'était élevé à une telle hauteur. Il fit entendre le vrai langage de la liberté ; en effet, vouloir une Chambre unique, c'était protéger la dictature, c'était se tromper. — Je le dis dans mon langage libre, il eût été impossible de faire entendre une parole plus ferme et plus digne. Le grand orateur ne s'était jamais trouvé mieux inspiré ; jamais son langage n'avait eu plus de force et d'entraînement. Nous, qui l'avons entendu, nous sommes encore tout ému en songeant à ces sublimes paroles.

Deux Chambres, c'était nous sauver de bien des embarras ; c'était régulariser et modérer la démocratie. Mais, malheureusement, la majorité de l'Assemblée constituante n'eût pas l'intelligence de cette vérité !

VII.

Enfin, Louis-Napoléon choisit Odilon Barrot pour former un cabinet. C'était le seul homme qui pût convenir à la situation. Sa popularité s'est consolidée en grandissant ; — chose rare pour un ministre. —

Ceux qui l'ont attaqué pour l'expédition de Rome et qui ont essayé de le mettre en contradiction avec lui-même, à ce sujet, se sont trompés ou ont voulu se tromper. — Je le disais hier, je ne comprendrais pas que l'expédition (1) de Rome ne fût pas populaire dans le monde ; rien n'est plus utile, plus honnête, plus libéral.

Il était impossible de laisser la ville éternelle en proie à cette anarchie dégradante ; il fallait délivrer les populations romagnoles du joug sanglant qui les opprime, les déshonore et les ruine ; et, puisqu'il fallait qu'on intervînt pour mettre un terme au scandale de ces

(1) *La Vérité sur l'Italie*, par M. Marchal, témoin oculaire, arrivant de Rome.

abus, à ces spoliations,— puissance libérale, la France avait pour devoir, tout en rétablissant le pape qui ne peut rester dans cette indigne situation, de garantir aux populations de la Romagne le progrès pacifique et légitime.

En leur apportant l'ordre, nous leur apportons aussi la liberté. Par leurs folies et leurs crimes, les tyrans communistes de Rome ont mis leur pays au ban de l'humanité. Les Romains opprimés par la terreur, sont pleins de fatigue et de dégoût pour ce système qui a suspendu le commerce, paralysé les transactions, tué la confiance, le crédit et le travail, volé ceux-ci qui possédaient quelque chose, et ruiné ceux-là qui vivaient de leur labeur...

VIII.

Enfin nous avons vu, après le 13 juin, l'attitude à la fois ferme et généreuse du cabinet que dirige M. Barrot.

Le parti de la violence a été vaincu, et loin de se jeter dans une réunion systématique et violente, le gouvernement a continué sa voie libérale d'un pas résolu. Il a continué de s'occuper du sort des classes laborieuses, qui, Dieu en soit béni ! n'ont pas prêté cette fois l'oreille aux perfides discours de l'anarchie.

L'état de siége a été, comme c'est l'usage, résolument attaqué par ceux qu'il gêne. L'état de siége est à certains hommes politiques ce que la gendarmerie est aux malfaiteurs. — Ce qu'il y a de certain, c'est que les honnêtes gens ne s'en plaignent pas. L'état de siége ne déplaît qu'à ceux qui ont de mauvaises intentions...

Autrefois, Odilon Barrot s'était élevé avec une chaleureuse audace contre un état de siége imposé au pays par un pouvoir ne relevant que de lui-même et qui pouvait servir de prétexte à l'arbitraire. On lui oppose les paroles de ce temps-là et on lui reproche d'être inconséquent, comme si les circonstances étaient les mêmes !

Avait-on jamais vu un parti plus violent ensanglanter les rues, empoisonner l'âme des travailleurs et des soldats même par des doctrines subversives de l'ordre social ? La justification de l'état de siége se trouve dans les excès de la démagogie, dans l'organisation des sociétés secrètes, dans les prédications les plus criminelles contre la propriété, la famille, l'ordre, la vraie liberté.

Quelle différence entre le temps de la monarchie et le nôtre ! alors, le pouvoir exécutif seul avait suspendu toutes les libertés en décrétant l'état de siége sans le concours du pouvoir législatif. Aujourd'hui, au contraire, c'est la nation tout entière, qui, par l'organe de l'Assemblée nationale, émanation puissante du suffrage universel, exprime sa volonté.

C'est la nation qui décrète l'état de siége !

Odilon Barrot qui n'a pas voulu de l'état de siége quand il était imposé à la nation , l'accepte quand c'est elle qui le demande.

Il n'y a pas là manque de logique,—au contraire.

En présence de la révolte armée, de l'appel aux armes, de tant de passions insensées, de ces mains fratricides levées sur la liberté et sur l'Assemblée nationale, en présence de ces mesures préparées d'avance :

Mise hors la loi du président, des ministres et de la majorité ;

Condamnation de tous les *traîtres*, ennemis de la République *sociale* :

Listes de proscriptions ; confiscation des biens de tous les proscrits ;

Proclamation d'une Convention ; — en présence de ces retours à 93, en face de tant de scélératesse, de tant de périls, — osez-vous bien blâmer l'état de siége.....

Les méchants sont vaincus, dit-on ; mais ne releveront-ils pas la tête. Et par ce qu'ils avaient rêvé, jugez ce qu'ils sont capables de faire ! Respectez l'état de siége ; car sans lui, ils eussent faits des barricades la nuit ; ils eussent conduits au combat ces malheureux qu'ils ont seuls affamés et que seuls ils égarent et trompent. Et s'ils avaient réussi, nous serions dans l'état où se trouve Rome depuis que la démagogie s'y est implantée ; nous aurions la Terreur ; il n'y a rien de sacré pour eux, ni la religion, ni la loi, ni la vie humaine.

C'est parce que le pouvoir a été fort, fort de son droit et de son bras qu'ils ont été terrassés.

Ils n'inspirent plus de sympathie ; leurs fronts sont couverts de honte et leurs mains teintes de sang !...

Avec indignation la France les repousse ; — que leurs chefs proscrits aillent à Rome assassiner les soldats français dont ils n'ont pu corrompre les frères à Paris !

Ah ! l'état de siége importe peu aux bons citoyens quand ils pensent aux souffrances endurées par la patrie depuis les six mois qui viennent de s'écouler, quand ils songent à la rançon de sang et de misère que nous avons payée déjà pour recouvrer un peu d'ordre !

Le peuple ne se plaint pas de l'état de siége ; il a fait défaut aux clubistes, aux raccoleurs de l'insurrection. Le peuple comprend enfin qu'il perd son sang et son pain dans les émeutes, sans profit pour le progrès véritable. Il ne veut plus servir d'instrument aux agitateurs, aux ambitieux ; il prêtera son concours aux hommes d'ordre. — Il sait que l'ordre c'est le travail, c'est l'aisance, — c'est le bonheur.

Mais maintenant que nous avons l'ordre, il faut s'appliquer à le maintenir, à le consolider. Les hommes d'État se distinguent surtout par la façon dont ils savent organiser la victoire. C'est en cela que le génie de l'empereur Napoléon était admirable. La société a remporté plusieurs victoires depuis février ; il faut maintenant qu'elle sache en profiter.

Ce fut une dure nécessité pour les cœurs libéraux que de décréter encore une fois l'état de siége ; mais quand il faut vivre ou mourir, une société se résigne à des sacrifices douloureux de liberté. Comment n'aurait-on pas voté cette mesure quand la nation la sollicitait pour la tranquillité, pour le salut du pays ; la nécessité de l'état de siége voté par les hommes d'ordre prouve combien le désordre est ennemi de la liberté. L'état de siége est l'expédient passager au moyen duquel on arrivera aux suprêmes solutions.

Il y a mauvaise foi à parler de l'état de siége comme s'il devait être éternel. On sait bien que dans la pensée du cabinet tout entier ce n'est qu'une mesure exceptionnelle ; Odilon Barrot ne le déclarait-il pas hier même dans sa lettre aux procureurs-généraux :

« Je ne vous parlerai pas de la mesure de l'état de siége, qu'une
« *nécessité impérieuse et de salut public a imposée au gouvernement;*
« elle ne concerne que quelques départements, pour lesquels des
« instructions spéciales seront données, et elle n'aura d'ailleurs
« qu'une durée limitée. »

Cette déclaration doit satisfaire tous les hommes de bonne foi.

Nul, au reste, n'était plus digne que M. Odilon Barrot d'occuper le sommet du pouvoir. Il possède le caractère du génie, défini par Platon : — « *L'ordre dans la grandeur.* » A des vues excessivement honnêtes, il joint une popularité solide et franche parce qu'elle est acquise sans concessions ni bassesses. Comme orateur, c'est une de nos gloires. — Chacun le sait. Il a l'éloquence austère et grave, puissante, impétueuse… La conviction se lit sur sa belle figure, toute rayonnante d'élévation. Ses regards, ses gestes, son attitude, l'inflexion de sa voix, tout révèle la moralité et l'honnêteté de son caractère. On pourrait être plus inspiré et plus ardent ; il serait difficile d'être plus élevé, et il rachète en profondeur ce qui lui manque en chaleur. En somme, il est digne de la haute influence qu'il exerce sur le pays et dans le parlement. Fera-t-il mieux que ses prédécesseurs ? C'est bien probable si on lui laisse du repos et le temps, si on n'entrave pas sa marche par de futiles discours dans la Chambre et des barricades dans la rue. Il connaît les difficultés inhérentes au pouvoir ; il connaît encore mieux les fautes qu'on y commet volontiers ; il surmontera les unes et évitera les autres ; il tiendra ce qu'il a promis, mais patience !

A chacun selon son mérite, c'est la bonne devise. Il faut juger les hommes d'État sur leurs actes, non sur les outrages de leurs adversaires ; — non plus sur les adulations de leurs courtisans. — C'est ce que j'ai fait.

Adieu, ou plutôt au revoir, lecteur ; et croyez que mon culte pour la liberté est inséparable de mon respect pour l'ordre.

MARCHAL.

━━◆▶▶▶▷◉◁◀◀◀━━

MM. les Souscripteurs de la BIBLIOTHÈQUE NATIONALE sont instamment priés, par MM. les fondateurs, de vouloir bien n'opérer aucun versement de fonds qu'entre les mains de MM. DAUVAIN et FONTAINE, libraires-éditeurs, *passage des Panoramas*, ou celles de M. le Secrétaire général de la BIBLIOTHÈQUE NATIONALE, 54, *rue de l'Échiquier*, à Paris, de midi à cinq heures. — Tous reçus de souscription *à valoir*, devront être revêtus de la signature de MM. DAUVIN et FONTAINE, et de M. le Secrétaire général, seuls signataires valables.

Paris. — Imp. BLONDEAU, r. du Petit-Carreau, 32.